www.tredition.de

AF202344

Eine Videokonferenz hat etwas
von einer Geisterbeschwörung ...

- Bea, gib uns ein Zeichen,
  wenn du uns hörst."
- „Wir sehen dich nicht,
  Maurice. Hörst du uns?"
- „Ist da noch jemand bei dir,
  Dominik?"
- „Louise, du bist so
  verschwommen!"

**Spielen und Neugier
verzaubern das Leben!**

Regine Lübben

Christoph Maria Michalski

Bodos 44 coole Hacks für Online Meetings

www.tredition.de

© 2021 Regine Lübben, Christoph Maria Michalski
Illustrationen: Samira Chambi Lübben
Lektorat, Korrektorat: Hannelore Jackson

Verlag & Druck: tredition GmbH, Halenreie 40-44, 22359 Hamburg

ISBN
Paperback   978-3-347-20054-8
Hardcover   978-3-347-20055-5
e-Book   978-3-347-20056-2

Bibliografische Information der Deutschen Nationalbibliothek:

Die Deutsche Nationalbibliothek verzeichnet diese Publikation in der Deutschen Nationalbibliografie; detaillierte bibliografische Daten sind im Internet über http://dnb.d-nb.de abrufbar.

Inhaltsverzeichnis

Einleitung

„Oh, gleich eine Online Konferenz. Da brauche ich noch was zum Auflockern, woher schnell nehmen?"

Da gibt's nun was von mir, von Bodo. Die schnelle Hilfe, weil die Worte dafür schon vorformuliert sind. Genauso wie die notwendigen Materialien angegeben sind.

Es sind 44 Hacks gegen Langeweile und Ödnis. 44 Hacks für Abwechslung und Kreativität.

Sie sind in Kategorien angeordnet, damit ihr euch schnell orientieren könnt.

Ein Amateurzauberer protzte mal, dass er über 400 Kartentricks kenne. Der Meister sagte: „Ich kenne nur 4, der Rest der Tausenden sind Varianten."

Nehmt also die Hacks als Anregungen, eure eigenen Varianten zu entwickeln - mit euren Worten, euren Hobbies und Vorlieben.

Dafür gibt es jeweils das Notizfeld am Ende jedes Hacks.

Ich lege es in eure Hand, für welche Zielgruppe ihr welchen Hack auswählt. Meine Erfahrung ist, dass anfängliche Skepsis gerade von etwas steifen Typen schnell schmilzt, wenn man sie mit dem eigenen Spaß am Spiel ansteckt.

Jetzt viel Erfolg beim Kampf gegen die Zoom-Fatigue!

Euer Bodo

Anfangsrunden

Der Start einer Online Konferenz ist der entscheidende Faktor für das Gelingen. Ihr kennt das von einer Party- wenn es am Anfang zäh läuft, bedarf es einer Menge Energie, den Schwung da noch rein zu bekommen, die Ersten auf die Tanzfläche zu bringen, der erste Bissen oder Schluck beim Essen und Trinken, der erste Kuss - O.k., das Problem haben wir nicht beim digitalen Meeting.

Das Geheimnis liegt dabei in der Aktivierung der Teilnehmenden - geistig, körperlich und den Spaß aufblühen lassen.

Was ich einsetze, hängt von meinen persönlichen Vorlieben ab und von der Zielgruppe. Bei Studierenden wähle ich andere Methoden als beim Projektmeeting mit Kunden.

Hier gilt auch die alte Weisheit:

> *„Der Wurm muss dem Fisch schmecken,*
> *nicht dem Angler."*

Lets´s start!

1. Sprung vor die Kamera

Ansage	„So, alle mal aufstehen und ein paar Schritte zurückgehen, bis ihr euch gut in eurer gesamten Länge in der Kamera erkennen könnt, geht ihr so viele Schritte nach rechts oder links, bis ihr nicht mehr zu sehen seid, aber mich noch hören könnt. Ja, sehr gut, nun sehe ich niemanden mehr. Nun springen mal alle vor die Kamera, die sich für die linke Seite von der Kamera entschieden haben, und zwar jetzt. Ah, gut und zurückspringen. Gegenprobe: Jetzt springen alle vor die Kamera, die rechts von der Kamera stehen. O.K. und zurück. Oh, Markus, du warst der letzte Springer, komm zurück, denn nun bist du dran mit der nächsten Ansage. Wer soll vor die Kamera springen? Vielleicht alle, die heute einen Kaffee zum Frühstück hatten? Oder alle, die Aufstehmuffel sind? Denk dir was aus!"
Material	• Nur du ☺

Tipps	❏ Variationen: - Alle, die sich gerade in der nördlichen Hälfte Deutschlands /der Erde befinden. - Alle, die heute schon in den Himmel geschaut haben. - Alle, die schon mehr als 5 Jahre in der Firma dabei sind. ❏ Pro Person nur eine Ansage, dann wird an die nächste Person übergeben. ❏ Wenige Runden reichen, um sich mal kurz bewegt und gesehen zu haben. ❏ Die Moderation kann spiel-leitend bleiben und fünf Dinge zum besseren Kennenlernen auswählen.
Notizen	

2. Crucigrama: Wie bin ich?

Ansage	„Ich begrüße euch zur Vorstellungsrunde und hoffe, ihr seid schon mit einem DIN A4 Blatt und einem Stift ausgestattet. Dann kann es nämlich losgehen. Ihr schreibt euren Namen mit den einzelnen Buchstaben von oben bis unten auf das Blatt. Anschließend überlegt ihr euch zu jedem eurer Buchstaben, WIE ihr seid oder manchmal seid. Ihr könnt ebenso schreiben, was euch wichtig ist und etwas über euch aussagt. (Beispiel am Ende) Ihr habt drei Minuten Zeit, ich lasse Musik laufen und wenn ich sie ausstelle, geht es mit der Vorstellungsrunde los." -Pause- „Die Zeit ist um und ich beginne nun mit mir die Vorstellungsrunde und halte euch mein Crucigrama in die Kamera. Mein Name ist..."
Material	• DIN A4 Blatt, Stift • Moderator*in hat ein Beispiel vorbereitet
Tipps	❑ Bei Gruppen bis zu max. 15 Teilnehmende empfehlenswert oder z.B. nur zwei Eigenschaften vorstellen. ❑ Die Eigenschaften können sowohl ernst als auch witzig sein.

	❑ Kann bei Gruppen, die sich Siezen mit dem Nachnamen durchgeführt werden. ❑ Am Ende können Vielfalt und Gemeinsamkeiten zusammengefasst werden.
Notizen	

I ntelligent
L achen
O ft unterwegs
N atur
A ußergewöhnlich

3. Drei-Blatt Vorstellung

Ansage	„Für die Vorstellungsrunde bitte ich euch drei DIN A4 Blätter zu nehmen und in großen und fetten Buchstaben folgende 3 Dinge über euch aufzuschreiben:

1. Name
2. Institution
3. Mein Markenzeichen: "Wahrscheinlich bin ich hier die einzige Person, die..."

Variationen:
- Den Satz vollenden "Ich bin zufrieden, wenn ich am Ende des Meetings...".
- Mein letzter Gedanke/Aktion vor der Videokonferenz.
- Aktueller Gemütszustand

Ihr habt 3 Minuten Zeit. Bitte auf das dritte Blatt keine Aufsätze schreiben, sondern nur Stichworte oder einen kurzen, lesbaren Satz formulieren. Eine inspirierende Zeichnung ist ebenso willkommen!
Ich lasse im Warteraum Musik laufen. Wenn ihr mich wiederseht, beginnen wir mit der Vorstellungsrunde.
Fragen? O.K., bis gleich und viel Spaß!

	-Musik ertönt im Warteraum- Nun freue ich mich auf eine kurze und knackige Vorstellungsrunde von euch. Wir beginnen mit..."
Material	• 3 DIN A4 Blätter • dicke Stifte • Musik für den Warteraum

Tipps	❑ Achte auf kurze Redezeiten!
	❑ Für die Schreibzeit den Bildschirm mit einer Timer-App teilen.
	❑ Weitere Fragen zur Auswahl:
	  –Wo lebst du? Wo arbeitest du? In welchem Bereich ?
	  –Vorerfahrung mit dem Thema?
	  –Was würdest du gerne im Meeting erfahren?
	  –Welches Thema brennt dir am meisten auf den Nägeln?
	  –Welche Fragen bringst du mit?
	  –Was läuft gerade super?
	  –Was läuft gerade schief?
	  –Wieviel Energie bringst du mit?

Notizen	

Veronika

Hoffentlich scheint heute noch die Sonne ☺

... unter der Dusche "I'am singing in the rain" singt. ♫ d. 𝄞

4. Schlüsselbund

Ansage	„Kurze Frage, wer hat ein Schlüsselbund dabei und kann es mal kurz in die Kamera halten? Ja, super, ich sehe schon so einige und kurz mal damit klingeln- perfekt. Ihr werdet gleich in Gruppen eingeteilt und habt XX Minuten Zeit, euch gegenseitig kennenzulernen und vorzustellen. Allerdings nicht im informellen Smalltalk, sondern anhand eures Schlüsselbundes. Macht eine kleine Story draus, was euer Schlüsselbund alles so über euch und euer Leben Interessantes verrät. Ich wünsch euch viel Spaß dabei!" Variationen: • Lieblingsschlüssel • Portemonnaie • Schreibgerät
Material	• Breakout Rooms
Tipps	❑ Wer keinen Schlüsselbund dabei hat, kann erklären, welche Schlüssel er oder sie im täglichen Leben benutzt.
Notizen	

Kreativ ins Thema

„Sehr geehrte Damen und Herren, liebes Brautpaar liebe Brauteltern! Wir haben uns hier versammelt, um die Hochzeit von Gerda und Kevin zu feiern…!"

Der Burner-Anfang für eine Hochzeitrede - flammend, unterhaltsam? O.k., Ironiemodus aus. Mit diesem Anfang gewinnst du kaum deine Zuhörenden.

Nach einem starken Auftakt poppt sofort Aufmerksamkeit, Begeisterung und Energie auf, wenn es kreativ weitergeht. Das kann thematisch orientiert sein oder auch einfach nur der Aufmerksamkeits-Energie geschuldet sein.

Kreativität ist das Mischen von Vorhandenem. Es bedarf also keiner angeborenen Fähigkeit, um kreativ zu sein. Eher ist es das Loslassen von eingefahrenen Gedankenwegen und Routinen.

Mut zum Blödsinn! ☺

Auch hier gilt der Hinweis zur Sicht auf die Zielgruppe.

5. PowerPoint Karaoke

Ansage	„Ich habe hier 10 einzelne, phantasievolle PowerPoint Folien. Ihr haltet nun eine spontane Präsentation, ohne euch auf das Thema vorbereiten zu können. Also - Spontanität ist eher gefragt als Faktenwissen! Sagt mir bitte eine Zahl zwischen 1 und 10 und dann geht es gleich mit eurer Präsentation los. Das Thema steht auf der Folie. Das Ganze dauert jeweils nur maximal 2 Minuten. Peter fängt bitte an und das Thema lautet "XX" mit diesem Bild ..."
Material	• 10 PowerPoint Folien aus verschiedenen Gebieten z.B. Kunst, Technik, Freizeit, Wissenschaft, Promis • Bildschirm teilen
Tipps	❑ Entweder aus dem eigenen Fundus, anderen Abteilungen der Firma oder aus dem Internet herunterladen. ❑ Je skurriler die Themen sind, umso lustiger wird die Herausforderung.
Notizen	

6. Echt oder Ente?

Ansage	„Für Quiz-Liebhaber und -Liebhaberinnen kommt nun ein Quiz mit kniffligen Fragen aus der Reihe „Echt oder Ente?". Ob meine Behauptungen wahr sind oder nicht, ist die entscheidende Frage. Ich lese eine Behauptung vor und nach kurzer Überlegung haltet ihr gleichzeitig einen Zettel mit der Aufschrift „Echt" oder „Ente" in die Kamera. Schreibt auf ein DIN A4 Blatt mit großen Buchstaben das Wort „Echt" und auf ein zweites Blatt „Ente". Alle fertig? Dann geht es los: Zum heutigen Thema Umwelt habe ich fünf Fragen dabei. <ol><li>Ist es wahr, dass... das Watt der Nordsee bis zu einer Tiefe von 20 cm von den Wattwürmern innerhalb eines Jahres gefressen und wieder ausgeschieden wird? (Ja)</li><li>Ist es wahr, dass...</li></ol> Vielen Dank fürs Mitmachen, Mitdenken und Mitraten. Hatte jemand von euch alle Fragen richtig beantwortet? Glückwunsch dem Gewinner oder der Gewinnerin."
Material	• Teilnehmende: Zwei DIN A4 Blätter mit Beschriftung:

		Blatt 1: Echt
		Blatt 2: Ente
Tipps		❑ Einstiegsimpuls ins aktuelle Thema
		❑ Quiz als Wissensstandsanalyse
		❑ Variation:
		- Fragen zu Kuriositäten oder witzigen Tatsachen
Notizen		

Beispiele:

1. Ist es wahr, dass Fische stumm sind?
   Nein. Sie geben verschiedenste Töne von sich, je nach Fischart z.B. Zähneknirschen, Flossenreiben sowie über den Darmausgang... also pupsend.

2. Ist es wahr, dass man das Brüllen von Löwen bis zu fünf Kilometer weit hören kann?
   Ja

3. Ist es wahr, dass das Herz der Kolibris 200mal pro Minute schlägt?
   Nein. Es schlägt 400 – 500mal pro Minute.

4. Ist es wahr, dass in einer Hand voll Walderde mehr Lebewesen als Menschen auf der Erde leben?
   Ja

5. Ist es wahr, dass die Milchstraße besteht aus 100 Millionen Sternen.
   Nein. Sie besteht aus 100 Milliarden Sterne.
6. Der durchschnittliche Wasserverbrauch in deutschen Haushalten lag 2019 bei 50 Liter pro Person am Tag. (Haushalt und Kleingewerbe)
   Nein. Er lag bei 125Liter pro Person am Tag.
7. Ist es wahr, dass Kinder durchschnittlich 400mal am Tag lachen, Erwachsene 15mal.
   Ja

7. Deine Meinung ist gefragt!

Ansage	„Zu Beginn meines Inputs habe ich ein paar Fragen und Thesen vorbereitet und hätte gerne eure persönliche Meinung dazu. Legt dafür leere Blätter und einen Stift bereit. Ihr könnt Punkte von 0 - 10 vergeben. Beispiel: Wenn ich frage, wie hoch liegt deine Zufriedenheit am Arbeitsplatz, vergibst du eine 10 für die Einstellung „Ich bin vollständig zufrieden und wunschlos glücklich". Eine 0 würde bedeuten, „Überhaupt nicht zufrieden, ich habe die Kündigung schon geplant." Nach jeder Frage habt ihr etwas Zeit zum Nachdenken. Los geht's! Beispiele: 1. Unser Betrieb arbeitet optimal mit seinen Kunden zusammen. 2. Mit dem heutigen Thema des Online Meetings habe ich bereits reichlich Erfahrungen gesammelt. 3. Ich kenne mich mit digitalen Lernformen sehr gut aus. 4. Mit der Länge der Veranstaltung bin ich einverstanden. 5. Ich bin voll und ganz dabei. 6. Ich kann es kaum erwarten, dass das Meeting zu Ende geht.

	Haltet bitte JETZT eure Antworten in die Kamera. O.K., danke. Weiter zur nächsten Frage…"
Material	• DIN A4 Blätter • Stifte
Tipps	❑ Das Meinungsbild kann als Gesprächseinstieg genutzt werden. ❑ Vertiefung: "Andreas, ich sehe du hast hier 4 Punkte vergeben, was müsste passieren, damit du eine höhere Punktzahl vergibst?" (Instrument für den Einsatz in Prozessen der Projektentwicklung und Organisationsentwicklung)
Notizen	

8. Buchstabensalat

Ansage	„Nehmt euch Papier und Stift und schreibt das Wort 'THEMA´ horizontal von oben nach unten an den linken Rand, am besten in schönen Großbuchstaben. Nun bitte dasselbe Wort von unten nach oben an den rechten Rand. Das Ganze sollte jetzt so aussehen. (Eigenes Beispiel zeigen.) Nun ist eure kreative, spielerische Fähigkeit gefragt, um neue Worte aus den gegenüberliegenden Buchstaben zu bilden. Dafür habt ihr 3 Minuten Zeit. -Pause- Ich bin gespannte auf eure fantasievollen Ergebnisse. Was habt Ihr gefunden für die erste Wortreihe? Für die Zweite? Vielen Dank!"
Material	● DIN A4 Blatt, ● Stift
Tipps	❏ Im Plenum die verschiedenen Ergebnisse sammeln. ❏ Alle Wortarten sind erlaubt. ❏ Ein zentrales Wort des Meetings kann verwendet werden.
Notizen	

```
Tarantul A
Hohlrau M
E nt      E
M i L c   H
A maran T
```

Miteinander agieren

Es sitzt jeder vor seinem Bildschirm, seiner Kamera, in seinem Zimmer. Wie soll da ein Gemeinschaftsgefühl entstehen?

Das ist eine der größten Herausforderungen für diese Online-Verabredungen, die fehlende physische Nähe zu kompensieren: das Miteinander-Lachen, die verstohlenen Blicke, die verschwörerisch ausgetauscht werden.

Neudeutsch heißt das Gruppendynamik und ist die höchste Kunst in Seminaren und Konferenzen: Zu spüren, wann die Seminarleitung die Diskussion laufen lässt, wann er eingreifen muss und wie er neue Impulse in den Austausch einstreut.

Diese Qualität kann online kaum erreicht werden. Ist halt so! Gleichfalls darf sie nicht ignoriert werden und kann durch gemeinsame Interaktion kompensiert werden.

09. Auf den Punkt gebracht

Ansage	„Ich weiß eure vielen Ideen und Gedanken zu schätzen. Wenn eure Wortbeiträge, Kommentare oder Meinungen zu lang werden, möchte ich euch ein dezentes Zeichen geben. Ich halte dann dieses Bild in die Kamera und ihr wisst, dass ihr in aller Kürze auf den Punkt kommen solltet. Danke!"
Material	• Nur für die moderierende Person: • Blatt mit dem Symbol „Auf den Punkt gebracht"
Tipps	❑ Spielregel zu Beginn einführen ❑ Variation: - Bild von einer Sanduhr, die zeigt, dass die Redezeit gleich abgelaufen ist.
Notizen	

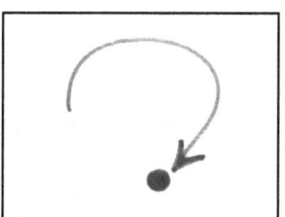

10. Rot-Grünes-Stimmungsbild

Ansage	„Nun hätte ich gerne mal ein Stimmungsbild von euch. Wer dem Vorschlag [Beispiel] zustimmt, der soll gleich bitte einen grünen Gegenstand sichtbar in die Kamera halten. Wer den Vorschlag ablehnt, den bitte ich einen roten Gegenstand zu zeigen. Nehmt euch einen kurzen Moment zum Nachdenken und das Stimmungsbild beginnt ... jetzt. O.K., danke für eure ehrliche Meinung. Ich sehe..."
Material	• roter und grüner Gegenstand Alternativ: - DIN A4 Blatt mit dem Wort „rot" - DIN A4 Blatt mit dem Wort „grün"
Tipps	❏ Variation: Das Stimmungsbild wird „farbweise" nacheinander abgefragt. ❏ Enthaltungen können durch einen weißen Gegenstand oder ein leeres weißes Blatt eingebaut werden. ❏ Ein Stimmungsbild kann zu einem Vorschlag, einer These oder Meinung eingeholt werden.

	Ebenso zu einfachen Fragen wie - Weitermachen oder Pause? - Soll der nächste Ausflug nach Berlin gehen?
Notizen	

11. Ich hätte da mal 'ne Frage...

Ansage	„Ihr habt viel Input gehört und sicher eure Fragen zum Thema mitgeschrieben. Jetzt ist die Gelegenheit diese Fragen uns allen mitzuteilen. Wer alles eine Frage hat, den bitte ich ein Blatt mit einem Fragezeichen in die Kamera zu halten. O.K., danke. Wir haben vier Fragen. Dann beginne ich mit Emilia, dann Emil …"
Material	• Blatt mit einem Fragezeichen
Tipps	❏ Die Fragen können gesammelt werden, um sie am Ende thematisch gebündelt zu beantworten.
Notizen	

12. Pause - nah oder fern?

Ansage	„Signalisiert mir bitte kurz, ob ihr wach genug seid, um weiterzumachen, oder eher kurz vor dem Einschlafen seid und unbedingt ein Päuschen braucht. Wer ist fit genug, um noch XX Minuten bis zur Pause weiterzumachen? Bitte kommt mal ganz nah an die Kamera ran. O.K., danke. Wer jetzt unbedingt eine Pause braucht, lehnt sich bitte demonstrativ nach hinten. O.K., danke. Dann schlage ich vor..."
Material	• nur du ☺
Tipps	❏ Variation: Wer eine Pause benötigt, malt eine Kaffeetasse und hält sie in die Kamera.
Notizen	

13. Im 20-Minuten-Takt

Ansage	„Liebe Teilnehmende, bevor der Vortrag losgeht, noch ein wichtiger Hinweis zum Ablauf. Der geht so: Ich habe eure Namen auf Kärtchen geschrieben und verdeckt vor mir liegen. Den ersten Namen ziehe ich gleich vor Beginn des Vortrages. Wer nun gezogen wird, hat die bedeutende Aufgabe, in Kurzform nach genau 20 Minuten ein Statement zum bisherigen Vortrag abzugeben. Das Statement kann sein, was dir am wichtigsten erschien oder einfach einen Kommentar, eine Anmerkung oder eine Kritik. Ebenso kann dein Statement als die Chance genutzt werden, eine interessante oder kritische Frage zu stellen, die vom Vortrag ausgelöst wurde. Anschließend ziehe ich das nächste Kärtchen für die nächsten 20 Minuten. Der erste Name lautet: Martin- ich danke dir jetzt schon!"
Material	• Namenskarten anfertigen • Timer für die Moderation
Tipps	❏ Voraussetzung ist, dass der Vortrag in 20 Minuten Einheiten unterteilt werden kann.

	❏ Variation: - die gezogene Person darf sich während der 20 Minuten mit nur einer Anmerkung oder Frage einbringen.
Notizen	

14. Montagsmaler

Ansage	„Jetzt schlägt die Stunde der kreativen Ideen. Montagsmaler kennen einige aus dem TV oder auch von Onlinevarianten. Der Ablauf ist folgender: Eine Person zeichnet stumm am digitalen Whiteboard. Alle anderen raten den Begriff, der da gerade Strich für Strich entsteht. Ausnahmsweise ist Reinrufen erlaubt! Wer malt, darf nur ´ja´ oder ´nein´ anmerken. Wer das Gemälde zuerst identifiziert, gilt von nun ab als Kunstexperte. Gratulation! Den jeweiligen Begriff übermittle ich dem Malenden im persönlichen Chat. In dem Moment, wo der erste Strich entsteht, beginnt das Spiel. Die maximale Dauer dabei ist 3 Minuten, dann kommt ein neuer Montagsmaler.“
Material	<ul><li>Internetrecherche „Montags-maler-Begriffe" als Fundus</li><li>Timer für die Moderation</li></ul>
Tipps	❏ Begriffe aus dem aktuellen Thema verwenden. ❏ Zusammengesetzte Begriffe wie „Armdrücken" eignen sich besonders. ❏ Variation: - Moderation zeichnet und die Teilnehmenden raten.

Notizen	

Beispiele:
- Zahnarzt
- Armdrücken
- Brustschwimmen
- Elvis
- Dickkopf
- Sumoringer
- Dompteur
- Surfer
- Eisbär
- Fahrradkette
- Herzensbrecher
- Boxer
- Zwerg
- Känguru
- Blinklicht
- Käsefüße
- Achselschweiß
- Gabelstapler
- Kuhglocke
- Schornsteinfeger

15. Dalli Klick

Ansage	„In den Anfängen des Unterhaltungsfernsehen gab es eine legendäre Ratesendung von Hans Rosenthal „Dalli-Dalli". Das war damals ein Straßenfeger, absolut hipp. Ein Foto, das durch Kacheln verdeckt ist, wird langsam aufgedeckt. Wer meint, es lösen zu können, ruft ´Stopp!´ und sagt die Antwort. Ist es richtig, hast du gewonnen. Ansonsten wird für einen neuen Versuch weiter aufgedeckt. Dazu bitte alle die Mikrofone einschalten."
Material	● Software
Tipps	❏ Eine Software (suchen im Internet unter „Dalli Klick 2020") ist mit leichten Einschränkungen kostenlos nutzbar. Den vollen Funktionsumfang gibt es für kleines Geld. ❏ Firmenbilder oder eigene Themenbilder können die Zielgruppe motivieren.
Notizen	

16. Suchsel

Ansage	„Jetzt wird es für die Wortsuchrätseljäger unter euch interessant. In dem folgenden Buchstabensalat findet ihr [Anzahl] Wörter, die mit unserem Thema zu tun haben. Von links nach rechts, diagonal, von unten nach oben. Wer alle Wörter in den Chat schreibt, bekommt als Belohnung ein [Geschenk] oder darf [Privileg]."
Material	● Rätselblätter
Tipps	❏ Rätselblätter erstellen geht unter dem Suchbegriff „Suchsel" im Internet. ❏ Wörter aus dem Firmenkontext oder aus dem Lernstoff einflechten ❏ Schwierigkeitsgrad variieren (Blickrichtung erweitern) ❏ Geschenk kann ein Buch oder Giveaway sein, das zugesandt wird. Ein Privileg kann sein, einen Joker zu erlangen, der zu jedem beliebigen Zeitpunkt eingesetzt werden kann: z.B. Pause bestimmen, Reihenfolge bei Präsentationen, das nächste Spiel auszusuchen.

Notizen

A	Q	H	P	A	R	T	N	E	R
R	T	S	D	G	M	T	Q	A	B
K	S	I	A	E	R	G	E	R	W
O	M	E	H	G	B	H	U	A	U
N	P	J	J	N	B	A	A	O	S
F	E	F	X	E	O	M	T	G	T
L	D	C	E	R	N	B	K	T	R
I	M	B	N	R	S	W	Z	A	E
K	K	A	M	P	F	P	M	B	I
T	X	S	S	D	M	S	I	F	T
K	N	A	A	N	X	W	D	E	J
A	A	C	K	O	A	B	Q	L	L

Versteckte Wörter:
Konflikt-Opfer-Streit-Partner-Spiel-Debatte-Gegner-Aerger-Kampf

Lösung für das Beispiel

A	Q	H	P	A	R	T	N	E	R
R	T	S	D	G	M	T	Q	A	B
K	S	I	A	E	R	G	E	R	W
O	M	E	H	G	B	H	U	A	U
N	P	J	J	N	B	A	A	O	S
F	E	F	X	E	O	M	T	G	T
L	D	C	E	R	N	B	K	T	R
I	M	B	N	R	S	W	Z	A	E
K	K	A	M	P	F	P	M	B	I
T	X	S	S	D	M	S	I	F	T
K	N	A	A	N	X	W	D	E	J
A	A	C	K	O	A	B	Q	L	L

Energizer

Was für den einen der Powerriegel oder der Drink ist, ist für den anderen Sauerstoff. Dritte würden eine Disco-Tanzeinlage wählen. Was allen Ideen gleich ist? Der geistige Tank läuft auf Reserve, die äußeren Notfunktionen wie Augen auf, interessiert gucken und gelegentliches Nicken sind gerade noch durchführbar.

Jetzt einen zusätzlichen Schub! Da reicht die Palette von der einfachen Pause, Toilettengang bis hin zu Poweraktivitäten.

Dabei achtet bitte darauf, dass einige Hacks traumatische Erlebnisse der Schulzeit aufleben lassen können. Alles mit Musik ist für Blockflöten-terrorisierte Menschen ein rotes Tuch. Alle Bewegungsspiele sind für die ein Horror, die in Sportmannschaften als Letzte gewählt wurden. Einige Teilnehmende möchten sich nicht vor anderen produzieren, wiederum gibt es welche, die gar nicht aufhören können, auf der Bühne zu stehen.

Aus diesen Gründen sind klare Ansagen und aktive Zeitbegrenzung das Mittel der Wahl, um die gewonnene Energie dann wieder dem Thema zukommen zu lassen.

17. Rebellion

Ansage	„Jetzt machen wir es wie im echten Leben. Denkt an langjährige Paare, die sich streiten oder an eure Zeit als rebellierende Jugendliche. Ich sage gleich ´Ja, Ja, Ja´ und ihr sagt dann... genau, ´Nein, Nein, Nein´. Wenn ich dann ´Ja, Nein, Ja´ sage, sagt ihr das Gegenteil, nämlich ´Nein, Ja, Nein´. Noch Fragen? O.K., probieren wir es gleich mal aus."
	
	Beispiel:
	Die Worte werden mit Rhythmus gesprochen oder besser noch rhythmisch mit kurzen und langen Noten gesungen.
	  o "Ja, Ja, Ja" (drei Viertelnoten)
	  o "Nein, Ja, Nein" (drei Viertelnoten)
	  o "Ja, Ja, Nein, Ja" (zwei Achtelnoten, zwei Viertel)
	  o „Nein, Ja, Nein, Ja…" (zwei Achtel, zwei Viertel)
	  o „Ja, Ja, Ja, Nein, Nein, Ja…"

Material	• nur du ☺
Tipps	❏ Variation: - Nach der ersten "Ja - Nein" Runde wird in der zweiten Runde das einsilbige Wortpaar „Brot und Stein" eingeübt. In der dritten

	und letzten Runde werden alle vier Worte kombiniert. ❏ Der Rhythmus des Sprechgesangs kann beliebig variiert werden.
Notizen	

18. Rücken zur Kamera

Ansage	„Es ist Zeit für ein wenig Bewegung. Bitte alle mal aufstehen und euch so platzieren, dass wir uns alle von Kopf bis Fuß sehen können. Gut! Nun dreht euch alle um, mit dem Rücken zur Kamera. Jetzt kommt eine Aufforderung, die ihr möglichst schnell versucht umzusetzen. Alle drehen sich um, die eine blaue Jeans tragen. Alexander, du hast dich als Letzter umgedreht und würdest eigentlich weitermachen. Das war doch nur ein Test, nun geht's richtig los. Wieder alle mit dem Rücken zur Kamera. Umdrehen dürfen sich alle, die eine Brille tragen. Silvia, du machst weiter."
Material	• nur du ☺
Tipps	❑ Eigenschaften der Kleidung können kreativ erweitert werden, z.B. Brille, kurze, lange Haare, rotes T-Shirt, Schuhe mit Schnürsenkel oder Klettverschluss, etc. ❑ Variationen: Gemeinsamkeiten aller Art, z.B. wer in Norddeutschland geboren ist,

		wer schon mal in Berlin war, wer gerne asiatisch essen geht...
		❑ Für mehr Bewegung: „Alle hüpfen drei Mal, die...". „Alle drehen sich einmal im Kreis, die..." „Alle schlagen drei Mal die Hände über dem Kopf zusammen..."
Notizen		

19. Mein Weg durchs Papyrus

Ansage	„Als kurze Abwechslung bekommt ihr eine knifflige Papier-Knobel-Aufgabe: Nimm eine Schere und ein Blatt Papier in DIN A4 Größe, schneide es so, dass du hindurch gehen oder schlüpfen kannst. Du musst dir irgendwie einen Weg durch das Papyrus verschaffen. Schneide so mit der Schere schneiden, dass eine große Öffnung entsteht. Wer zuerst durchgestiegen ist, ruft laut ´Papyrus´ und hat gewonnen. Der Preis ist ´einmal ohne Meldung dazwischen quatschen´. Viel Spaß, es geht jetzt los!"
Material	• Mehrere DIN A4 Blätter für die Lösungsversuche • Schere
Tipps	❏ Siehe Fotos mit Schneideanleitung
Notizen	

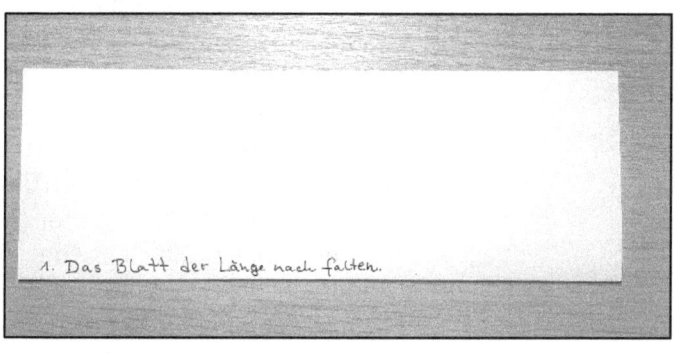

1. Das Blatt der Länge nach falten.

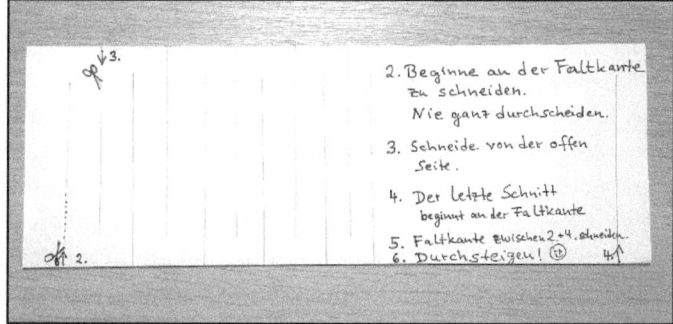

2. Beginne an der Faltkante zu schneiden.
   Nie ganz durchscheiden.

3. Schneide von der offen Seite.

4. Der letzte Schnitt beginnt an der Faltkante

5. Faltkante zwischen 2 + 4. schneiden.
6. Durchsteigen! ⑲

20. Der sportliche Stuhl

Ansage	„Bevor die ersten einschlafen, gibt es jetzt das kleines Bewegungsspiel ´Der sportliche Stuhl´. Alles was ihr benötigt, ist ein Stuhl und euch selbst. Es darf kein Schreibtischstuhl mit Rollen sein, sondern ein fest stehender, stabiler, gewöhnlicher Stuhl. Wir stehen jetzt mal alle auf und platzieren uns und die Kamera so, dass wir uns gegenseitig stehend hinter einem Stuhl sehen können. O.K., ich sehe, alle sind bereit.
	Ich beginne mit einer einfachen sportlichen Stuhlübung und ihr macht es alle nach. Wer als Letztes die Übung vollendet, ist als nächstes dran und denkt sich eine neue Übung aus, die man mit dem sportlichen Stuhl machen kann. Denkt daran, dass ihr gut sichtbar für alle seid, egal ob ihr Vorturner oder Nachturner seid. Der Fantasie sind keine Grenzen gesetzt, allerdings sollten die sportlichen Übungen sicher, ungefährlich und altersgerecht sein. Also bitte keine Akrobatik, nur was euch gut tut.
	So, ich beginne mit einer einfachen sportlichen Übung und ihr könnt das Ganze dann kreativ steigern. Wer vorgeturnt hat, benennt den nächsten Stuhlsportler oder Sportlerin und so geht

	die Runde weiter, bis wir wieder wach und fit sind."
	Beispiel: Die Moderation beginnt mit der Übung, läuft einmal um den Stuhl herum und setzt sich. Der nächste Vorturner oder die nächste Vorturnerin werden benannt und müssen sich schnell einen Stuhlsport ausdenken. Weitere Übungen mit dem Stuhl: o seitlich übersteigen o den Stuhl hochheben o rückwärts herumlaufen o verkehrt herum draufsetzen
Material	● Stuhl für alle Teilnehmenden (kein Schreibtischstuhl mit Rollen)
Tipps	❑ Zeit einplanen, damit sich jede Person einen geeigneten Stuhl organisieren kann.
Notizen	

21. Himmel-Erde-Meer

Ansage	„Nun eine kleine Bewegungsübung, die ebenso eure gute Konzentration erfordert. Erst einmal alle gut sichtbar vor die Kamera stellen. Könnt ihr mich gut sehen?
	Es gibt drei Befehle:
	Himmel, Erde und Meer.
	Bei ´Himmel´ müsst ihr einen Schritt nach rechts gehen. Gleich mal mit mir zusammen ausprobieren. Bei ´Erde´ bleiben alle stehen und bewegen sich nicht. Und bei ´Meer´ gehen alle einen Schritt nach links, genau so.
	Ist also ganz einfach!
	Himmel= 1 Schritt nach rechts
	Erde= stehen bleiben
	Meer= 1 Schritt nach links
	Aber aufgepasst, wer eine falsche Bewegung macht, scheidet aus. Ich werde aufpassen, aber besser noch seid ihr ehrlich und setzt euch, wenn es eine falsche Bewegung gab. Ich hoffe, ihr bringt ein bisschen Ehrgeiz mit!
	Am Ende bleiben einige Gewinnende übrig und bekommen von uns alle einen anerkennenden Applaus.
	Noch ein Tipp:

	Ich mache die Übungen vor, aber manchmal werde ich versuchen, euch zu irritieren und meine Bewegung passt nicht zu meiner Ansage. Lasst euch nicht von mir aus dem Konzept bringen. Los geht's, alle hinstellen: Erde! - Nicht bewegen! O.K., das war die Testrunde, jetzt geht es mit allen Begriffen richtig los: Himmel! [überprüfen] Himmel! [überprüfen] Meer! [überprüfen] Erde! Max, du hast dich bewegt, bitte setzen. Mariam, du auch."
Material	• Freier Platz vor dem Monitor, um sich zu bewegen.
Tipps	❏ Moderation bewegt sich spiegelverkehrt, damit alle am Anfang im Gleichklang sind. ❏ Das Spieltempo erhöhen, falsche Bewegungen einbauen, z.B. Himmel sagen und dann irritierend nach links gehen. ❏ Achtung: Zu oft „Meer" nacheinander, lässt alle aus dem Kamerawinkel verschwinden.
Notizen	

22. Die empathische Zahl

Ansage	„Nun kommt ein emphatisches Spiel. Vielleicht gewinnt die Person mit dem größten Einfühlungsvermögen oder mit dem meisten Glück. Wir probieren es aus! Ihr nehmt euch alle ein Blatt Papier und einen möglichst dicken Stift. Ich habe bereits mein Blatt hier und werde gleich eine Zahl zwischen 0 und 30 auf das Blatt schreiben. Natürlich so, dass ihr es nicht seht. Ich tue das jetzt mal und lege mein Blatt zur Seite. Nun denke ich weiterhin an meine Zahl und ihr könnt raten oder mir tief in die Augen schauen und überlegen, welche Zahl ich wohl aufgeschrieben habe. Das macht bitte jetzt, aber noch nichts sagen oder zeigen. So, sind alle fertig? Ich zähle von drei bis null und bei null haltet ihr alle gleichzeitig eure Zahl in die Kamera. Dann zeige ich euch die richtige Lösung: 23! Die 23 wurde nicht geschrieben. Ich sehe Christine und Alex sind am nächsten dran. Die Sieger können sich heute als ´Mister/Misses Empathy´ ansprechen lassen! ☺ Herzlichen Glückwunsch!"

Material	• DIN A4 Blatt • Stift
Tipps	❑ Die Maximalzahl kann der Gruppengröße angepasst werden. ❑ Bei einem Spielraum von 0 - 20 vergrößert sich natürlich die Trefferwahrscheinlichkeit.
Notizen	

23. Hase und Jäger

Ansage	„Kurze Auflockerung und Koordinationsübung für uns alle. Wir brauchen dazu einen Jäger und einen Hasen. Ganz einfach: Rechte Hand auf Schulterhöhe mit Zeigefinger und Daumen zu einem Gewehr formen. Ich mache es einmal vor. Ja, genau so. Nun kommt die linke Hand, mit der wir einen Hasen darstellen. Für die Hasenohren nehmen wir den Zeigefinger und den Mittelfinger. Der Daumen hält die übrigen Finger fest. Das sieht dann ungefähr so aus. (Vormachen - siehe Bild.) o Nun trainieren wir kurz nur die rechte Hand, die abwechselnd einen Jäger und einen Hasen formt. o Die linke Hand macht nun dasselbe, erst Hase und dann Jäger, Hase. Das war die Vorübung. Unser richtiges Training kommt jetzt: o Rechts formt einen Jäger, links den Hasen. o Nun wechseln die Seiten: rechts wird zum Hasen und links zum Jäger. Der Wechsel geschieht gleichzeitig, also synchron.

	o Nun mal alle zusammen, ich sage an, was die rechte Hand gerade darstellt: Jäger - Hase - Jäger - Hase - Jäger – Hase... Sah super aus, auch wenn die Hände nicht immer gemacht haben, was ihr wolltet. Danke und weiter geht es im Programm."
Material	● nur du ☺
Tipps	❏ Variation: - Zwischen dem Wechsel von Jäger und Hase klatschen wir einmal in die Hand.
Notizen	

 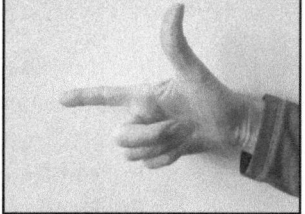

24. Rhythmische Komposition

Ansage	„Wer die Wahl hat, hat die Qual. Aber ihr habt jetzt nur die Wahl zwischen zwei Buchstaben, das H oder das F. Bitte entscheidet euch spontan, auch wenn ihr noch nicht wisst, was sie bedeuten.
	Ich teile nun den Bildschirm und bitte euch reihum laut einen der beiden Buchstaben zu sagen.
	Bitte einmal reihum laut sagen, für welchen Buchstaben ihr euch entschieden habt, sobald ich den Bildschirm geteilt habe und ihr sehen könnt, wie ich eure 'Has und Efs' aufschreibe.
	Ich schreibe nun mit, nennt mir bitte eure Buchstaben:
	[Beispiel]
	H F F H H H F F H H H F
	Fertig! Was ihr nun seht, ist eure gemeinsame Komposition für Hand und Fuß.
	H steht für Hand und F für Fuß.
	Bei Hand klatschen wir einmal in die Hände und bei Fuß stampfen wir mit einem Fuß auf den Boden.
	Nun braucht ihr nur noch aufzustehen und euch bereit zu machen. Ich zähle

	gleich zwei, drei und dann geht es zusammen los und ich hoffe, dass wir auch zusammen am Ende ankommen. Bereit? Zwei, drei ´Hand, Fuß, Fuß, Hand, Hand, Hand, Fuß.´ Das war für den Anfang ganz gut, aber ich denke, das können wir noch gemeinsam steigern. Jetzt etwas schneller!"
Material	<ul><li>Bildschirm teilen</li><li>Alternativ DIN A4 Blatt</li></ul>
Tipps	❏ Bitte die Zeichenfolge oben auf das Blatt quer schreiben. Beim Zeigen in die Kamera so halten, dass die Moderation nicht vom DIN A4 Blatt verdeckt wird. ❏ Variationen: - „P" wird als dritter Buchstabe eingeführt und bedeutet Pause. Dadurch kann ein schöner Rhythmus entstehen. - Die Klatsch - Stampf Symphonie lässt sich auch abwechselnd von kleineren Gruppen durchführen und am Ende wieder einmal gemeinsam.
Notizen	

25. Sing den Song

Ansage	„Eine musikalische Einlage steht nun auf dem Plan. Allerdings werdet ihr keine Musik hören.
	Wer gerne vorsingen möchte, kann sich gleich als freiwillige Person melden. Dabei kann sich keiner blamieren, denn während eine Person ihr Mikro ausstellt, um dann ein Lied vorzusingen, müssen die anderen sich im Lippenlesen anstrengen und das Lied erraten. Klingt einfach? Ist es auch! Wenn ihr es geschafft habt, fünfmal nacheinander das Lied richtig zu erraten, machen wir eine Pause. Wer singt uns stumm ein Lied vor? Denkt daran, euer Mikrofon auf stumm zu stellen, damit wir wirklich nichts hören und wer glaubt, es zu wissen, gibt ein Handzeichen und sagt es dann laut. Ist es richtig geraten, dann bitte mit dem Singen aufhören. Das Lied kann aus einer beliebigen Rubrik sein, also Volkslied, Pop, Kinderlied, Weihnachtslied. Nur relativ bekannt sollte es sein und ihr solltet den Text kennen. Ich fange an und mache dabei mein Mikro aus. [Performance findet statt] Richtig geraten! Wer macht weiter?"

Material	• nur du ☺
Tipps	❏ Wenn nach einer Strophe noch immer nicht richtig geraten wurde, auflösen und mit einem nächsten Lied weitermachen. ❏ Der Hack kann als Wettbewerb durchgeführt werden. Zwei Gruppe bilden und gegeneinander spielen lassen. ❏ Beim Singen kann mit den Mundbewegungen übertrieben werden, damit das Raten leichter wird. ❏ Die Liedtexte lassen sich schnell im Internet finden.
Notizen	

26. Ich sehe ROT

Ansage	„Im nächsten Energizer Spiel ist Schnelligkeit gefragt. Wer ordentlich und gut sortiert ist, hat vielleicht ein paar Vorteile.
	So geht's: Ich sage gleich eine Farbe und einen Gegenstand, z.B. ROT und ein Kleidungsstück. Dann rennt ihr los und wer zuerst ein rotes Kleidungsstück in die Kamera hält, hat gewonnen.
	Oder ich sage ROT und Küche, dann bringt ihr möglichst schnell einen roten Gegenstand aus eurer Küche. Der Gegenstand muss dabei nicht komplett rot sein, ein Farbklecks reicht.
	Auf eure Ehrlichkeit verlasse ich mich, damit ihr nicht die rote Tasse nehmt, die gerade neben euch auf dem Schreibtisch steht. Die ersten drei Schnellsten bekommen einen Punkt. Wer am Ende am meisten Punkte hat, das teile ich euch dann am Ende mit. Noch Fragen?
	Fangen wir an mit o ROT und Kleiderschrank o ROT und Küche o ROT und Bad o Rot und Buch o ROT und Dekoartikel

	Nun zum Gewinner: Heute hat sich als schnellste und kreativste Teilnehmerin Leonie erwiesen. Ein anerkennender Applaus für dich Leonie, von uns allen! Jetzt habt ihr 5 Minuten, um alles zurück zu räumen und dann geht es weiter im Programm."
Material	● nur Du ☺
Tipps	❑ Die Gegenstände werden immer origineller oder der Teilnehmer-gruppe angepasst.
Notizen	

27. Simon says

Ansage	„Dieses bekannte Auflockerungsspiel beginnen wir im Sitzen. Simon ist unser Bestimmer und wenn ich ankündige ´Simon says: Alle schauen nach rechts´, dann schauen alle nach rechts.
	Wenn ich aber vergesse ´Simon says´zu rufen, dürft ihr die Anweisung nicht befolgen.
	Wir machen gleich einmal den Test:
	o Simon says: Steht auf! [Alle stehen auf.]
	o Simon says: Geht rechts um den Stuhl herum! [Alle gehen um den Stuhl.]
	o Nun setzt euch wieder!
	Wer sich hingesetzt hat ist draußen, weil ´Simon says´ fehlte.
	Gut, nun geht es richtig los und wer sich falsch bewegt hat, scheidet aus.
	o Simon says: Winkt mit der rechten Hand!
	o Nun mit der Linken!
	o Simon says: Hüpfe dreimal auf dem rechten Bein!
	o Simon says: Mache zwei Kniebeugen!
	o Klatsche fünfmal in die Hand.

	○ Simon says: Mit den Armen die Trockenübung Brustschwimmen! ○ Jetzt um sich selbst drehen! Ich sehe, jetzt sind noch drei übrig geblieben und damit ist es Zeit für einen kräftigen Applaus!"
Material	● nur du ☺
Tipps	❑ Die Befehle werden solange ausgeführt, bis ein neuer Befehl kommt. ❑ Die Befehle von Simon kommen schnell nacheinander, dies bringt Dynamik ins Spiel.
Notizen	

28. Der schiefe Turm von Pisa

Ansage	„Dieser Hack heißt ‚Der schiefe Turm von Pisa'. Wenn ich die Stoppuhr betätige, geht es los, dann habt ihr 2 Minuten Zeit, mit den Dingen auf eurem Schreibtisch oder Tisch einen Turm zu bauen. Wie ihr die Dinge auftürmt ist egal, alles ist erlaubt. Allerdings dürfen es maximal nur 10 Dinge sein. Wenn ich ´Stopp´ sage, ist die Zeit um und die Turmhöhe wird gemessen. Der höchste Turm gewinnt. Seid ihr bereit? Die Zeit läuft jetzt."
Material	• Stoppuhr (Moderation) • Maßband, Lineal (Teilnehmende) • Eventuell Webspace für die Fotos der Bauwerkspräsentation
Tipps	❑ Variationen: - Wenn ich „Stopp" sage ist die Zeit um und ihr fotografiert eure Türme und stellt sie in unseren gemeinsamen Space. - Der Turm kann mit Gegenständen aus dem Zimmer gebaut werden. Dann es ist günstig, sich auf maximal 5 Bauteile zu beschränken.
Notizen	

29. Streichholz Spiele

Ansage

„Kaum jemand benutzt heute noch Streichhölzer. Selbst da haben elektrische Werkzeuge diese archaische Technik abgelöst. Zum Spielen sind sie weiterhin wunderbar geeignet.

Holt euch bitte Streichhölzer oder Zahnstocher, damit es losgehen kann.

Insgesamt stelle ich euch drei Aufgaben:

1. Nehmt 11 Streichhölzer und legt drei gleich große Quadrate damit. Bitte um ein Handzeichen, wenn die Aufgabe erfolgreich erledigt wurde.
-Pause-
Ich zeige euch die Lösung im geteilten Bildschirm.

2. Nehmt 10 Streichhölzer und legt daraus 2 Quadrate. Dabei müssen alle 10 Streichhölzer benutzt werden. Wer hat die Lösung? Wir warten, bis die Mehrheit die Lösung hat.
-Pause-
Martin, wie sieht deine Lösung aus? Kannst du deine Lösung abfotografieren und in die Kamera halten?

Danke, genau das ist die Lösung!

	3. Nun nehmt 5 Streichhölzer. Stellt die Zahl 8 mit den 5 Streichhölzern dar. -Pause- Ja, das ist zugebenerweise scharf um die Ecke gedacht. Ich zeige euch die Lösung mit meiner Zusatzkamera. Mit dieser neuen Kreativität gehen wir zurück zum Thema!"
Material	• Streichhölzer oder Zahnstocher, mindestens 11 Stück für jeden Teilnehmenden • Geteilter Bildschirm • Zusatzkamera, wenn möglich
Tipps	❏ Mit einer zusätzlichen Kamera kann dieses Spiel live übertragen werden. Die Lösung wirkt dann nachvollziehbarer. ❏ Die Lösungen können ebenso als Fotodatei der Moderation zugeschickt werden. ❏ Weitere Aufgaben gibt es im Internet unter den Suchbegriffen „Knobelaufgaben Streichhölzer".
Notizen	

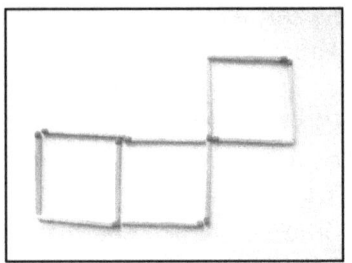

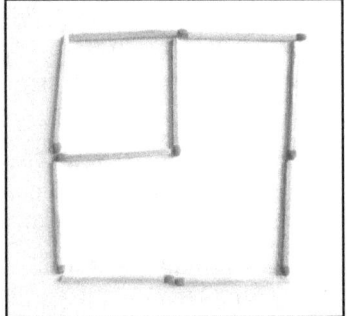

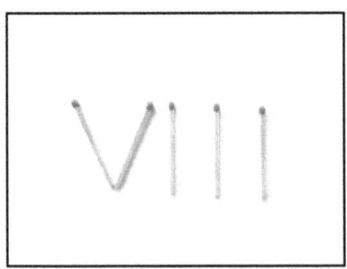

Pausen gestalten

Auch beim spannendsten Spiel gibt es eine Pause. In der Mittagspause gab es offline das gemeinsame Essen, die Nahrungsaufnahme und intensiveres Kennenlernen, die Möglichkeit mit anderen Sitznachbarn*innen auch Privates auszutauschen. Gemeinsam vor dem Bildschirm zu essen- diese Idee ist wenig appetitlich und technisch eine klebrige Variante, die nicht empfehlenswert ist. Auch ist im Homeoffice das Essen eine Familienangelegenheit und ein nützliches Ritual.

Was machen wir also morgens um 10.00 Uhr in Deutschland? Nein, keine überzuckerte Waffel in uns hineinstopfen, sondern launige, der Auflockerung dienende Hacks.

Die Teilnahme ist freiwillig und das Ganze läuft zwanglos ab. Nicht zu vergessen, dass es immer noch Menschen gibt, die in den Pausen ein Brandopfer darbringen müssen- Rauchen ⍰.

Genauso unterhaltsam kann es sein, wenn du als Online-Chef*in hier deine besondere Leidenschaft zur Aufführung bringst: Gitarre spielen, zaubern, Witze erzählen, Kochtipps geben, Stimmimitationen oder ähnliches.

Das ist ernst gemeint, denn da ergibt sich die Chance, eine persönliche Seite zu offenbaren. Ergänzend zur coolen Konferenzführung einen Hauch von Menschlichkeit zu zeigen.

30. Kreative Kamera

Ansage	„Liebe Teilnehmende, wir haben uns nun schon die ganze Zeit gesehen. Es ist an der Zeit, dass wir uns noch einmal neu anschauen und entdecken. Dazu probiert ihr in den nächsten 5 Minuten aus, welche Filter ihr vor die Kamera halten könnt. Wir stellen uns dann nach der Pause einander mit und ohne Kamerafilter vor. Als ersten Probier-Tipp zeige ich euch mal, wie ich durch ein Teesieb aussehe. -Pause- Nun seid ihr dran. Bin gespannt auf eure Experimentierfreude. Wir sehen uns dann in 5 Minuten wieder. -Pause- Die Vorstellungsrunde fängt an. Beginnen wir mit Holger. Können wir dich mal sehen? -Pause- Was für einen Filter hast du ausgewählt?" [Vorstellungsrunde]
Material	• Kreative Kamerafilter z.B. Teesieb, Trinkglas, Tuch, Strumpf, Brille, Schal, Folie, transparentes Lineal, gelochtes Papier
Tipps	❑ Dieser Hack kann als Aufgabe in die Pause mitgeben werden.

	❏ Dieser Hack kann mit der Vorstellungsrunde kombiniert werden.
Notizen	

31. Mini-Fitnessprogramm

Ansage	„Für die folgende 10-Minuten Pause empfehle ich euch ein Workout-Video, damit wir uns nachher durchgeschüttelt und wach wiedersehen. Es strengt nicht nur an, sondern macht auch noch Spaß! Also keine Scheu, die Lautstärke aufzudrehen und richtig abzuhotten- das sieht doch keiner und fit sein tut so gut!"
Material	• YouTube Video von der Personal-trainerin Imke Krüger unter dem Titel "seistolzaufdich". https://www.youtube.com/watch?v=KnubK3VFWzI • Yogamatte oder Decke
Tipps	
Notizen	

32. Erledigungs-Pause

Ansage	„Für die Pause von 15 Minuten bekommt ihr ein Mini-Fitnessprogramm mit auf den Weg. Gleichzeitig erledigt ihr dabei Sachen, die niemand besonders gerne macht oder schon lange getan werden sollten. Folgende 6 Disziplinen stehen zur Auswahl und ihr sucht euch eine aus: 1. Müllbeutel aus dem Eimer nehmen, zuknoten und neben den Ausgang stellen 2. Schuhregal aufräumen 3. Ein Koffer oben vom Schrank holen und nachschauen, ob der Inhalt weg kann 4. Klopapier- Reserve in jedes Bad bringen 5. Blumen gießen 6. Waschmaschine in Gang setzen -Pause- Das ist doch mal ein Vorteil von Online-Veranstaltungen. Am Ende ist sogar die Hausarbeit erledigt!"
Material	• nur du ☺
Tipps	❑ Jahreszeitliche Variationen
Notizen	

Entspannung

Oooohhhhmmm- ja, das ist eine Variante, mit der viele nichts anfangen können. Asiatisch Nr. 43 süß-sauer ja, aber meditatives- nein danke!

Auf körperlicher Ebene geht es hauptsächlich um die bildschirmverspannte Hals- und Nackenmuskulatur und natürlich Volkskrankheit Nr. 1 = Rücken. Dann kommt die Maushand....

Der Geist will natürlich auch mal in die Hängematte und seine Neuronen baumeln lassen.

Ein permanent gespanntes Gummiband reißt, wenn es zwischendurch nicht mal entspannt Das Geheimnis liegt im Wechsel von Spannung und Entspannung.

33. Büro Yoga

Ansage	„So viele Stunden vor dem Bildschirm- das geht auf Nacken und Rücken. Dafür machen wir jetzt einige uralte Yogaübungen, die schon seit Tausenden von Jahren in indischen Callcentern zelebriert werden.
	Setzt euch bitte auf den Stuhl, ohne euch anzulehnen, Beine nebeneinander. Ihr klebt mit dem Hintern auf dem Stuhl fest und gleichzeitig zieht euch jemand am Schopf, sodass eure Wirbelsäule auseinandergezogen wird. Dabei versucht ihr beim Ausatmen, immer weiter ein Stück zu wachsen.
	Danke- jetzt sinkt ihr zusammen, als wenn ihr einschlafen würdet. Nicht vom Stuhl fallen, sondern nur einfacher Büroschlaf. Dabei fällt der Kopf nach vorne und dehnt die Nackenmuskulatur. Wie gesagt, nicht vom Stuhl fallen!
	So- Frühstücksschlaf vorbei und ihr richtet euch wieder auf. Jetzt greift ihr mit der rechten Hand über den Kopf an das linke Ohr. Das ist kein Einschulungstest. Nun zieht ihr ganz sanft den Kopf nach rechts und dehnt den linken Hals. Ganz vorsichtig bitte. Beim Ausatmen ein paar Zentimeter weiter, anhalten, zweimal, weiteratmen und dann nur so weit, dass

es nicht wehtut. Die Schultern bleiben dabei waagerecht. Am Maximalpunkt 5 Sekunden halten und den Kopf wieder aufrichten. Das Ganze nun mit dem linken Arm. Hierbei gilt: Weniger ist mehr!

So, nun recken wir uns, wie nach dem morgendlichen Aufwachen. Ich weiß, das macht kaum einer, wie es in Hollywoodfilmen immer dargestellt wird. Wir spielen mal diese Szene. Da die Mikros aus sind, können wir genüsslich dabei gähnen. Wenn die Arme schon oben sind, dann ziehen wir die Schulterblätter hinten zueinander und dehnen damit den Brustkorb. Versucht bitte, die Spannung des offenen Adlers ein paar Sekunden zu halten und dann mit stöhnendem Atem euch wieder in die Ausgangslage zu bringen.

So, im Hier und Jetzt wieder angekommen, steigen wir erfrischt ins Thema ein."

Material	• Entspannungsmusik unter z.B. www.bensound.com Rechtliche Hinweise beachten!
Tipps	❏ Die 5 Sekunden laut runterzählen. ❏ Hinweis, auf die persönliche Grenze zu achten.
Notizen	

34. Handgymnastik

Ansage	„Nun mal alle die Hände hoch, ja genau so. Ihr macht einfach nach, was ich vormache. Los geht es mit

„Nun mal alle die Hände hoch, ja genau so. Ihr macht einfach nach, was ich vormache. Los geht es mit

1. Hände mal kräftig ausschütteln, wundert euch nicht, wenn es komisch aussieht, das sieht bei den andern auch so aus. Einfach mitmachen.
2. Nun zeigt alle zehn ausgestreckte Finger!
3. Ich zähle nun von 10, 8, 6 bis null und ihr zählt mit den Fingern mit. Bei null klatschen wir in die Hand. Los geht's: 10, 8, 6, 4, 2, klatsch. Das machen wir noch einmal langsam und anschließend schneller.
4. Wieder ausschütteln.
5. Nun zeigt die rechte Handfläche nach vorne in die Kamera und der linke Handfläche zu uns. Jetzt wechselt jeder diese Position zehnmal.
6. Nun einen Daumen nach oben und einen nach unten, und das Ganze zehnmal wechseln.
7. Ausschütteln!

	8. Als letztes wärmen wir die Hände auf und reiben die Handflächen aneinander.
	9. Wenn die Handflächen ganz warm sind, klopfen wir noch vorsichtig unsere Wangen, noch einmal die Hände vor dem Gesicht reiben.
	10. Wir beenden unsere kleine Handgymnastik mit einer angedeuteten Verbeugung. Danke!"
Material	• nur du ☺
Tipps	
Notizen	

35. Gedankenreise durch den Körper

Ansage	„Für eure müden Augen und den ganzen Körper gibt es nun zur Entspannung eine Gedankenreise durch den Körper. Setz dich erst einmal so richtig bequem hin, das kann aufrecht sein oder so wie es für dich angenehm ist. Wenn du eine gute Position gefunden hast, schließe die Augen und wähle auch für deine Hände eine entspannte Position auf den Beinen. Fühlt sich alles bequem an, beginnst du gleich mit einer Gedankenreise durch den Körper.
	Zunächst achte auf deinen Atem, nimm einfach nur wahr, wie der Atem ein- und ausströmt. Ein- und aus, gleichmäßig und ruhig ein und aus.
	Fühle in deine Füße hinein, sind sie warm oder kalt, liegen sie ganz auf, kannst du die Socken fühlen oder das, was du gerade trägst? Fühle die ganze Fläche, mit der sie den Boden berühren.
	Nun spann die Füße an, indem du die Zehen zusammenkrallst. Nun 5 Sekunden die Anspannung halten, dann wieder loslassen.

Du reist weiter im Körper nach oben und hebst das rechte Bein einige cm hoch und halte die Anspannung 5 Sekunden, nun wieder loslassen.

Dasselbe machst du nun mit dem linken Bein, erst heben, anspannen, 5 Sekunden halten, dann langsam wieder ablegen und entspannen.

Weiter geht es mit den Pobacken, die du anspannst und dich dabei gleichzeitig aufrichtest. 10 Sekunden angespannt halten und wieder loslassen.

Nun kommt der Rücken.

Du beginnst mit einem leichten Hohlkreuz, nur soweit es angenehm ist. Anspannen, 5 Sekunden halten und wieder loslassen.

Nun die Bauchmuskulatur anspannen und dabei nicht in den Rundrücken fallen. Du bleibst aufrecht. Nach 5 Sekunden wieder lockerlassen.

Wandere in Gedanken weiter zu den Schultern. Das Kinn leicht Richtung Brustbein bewegen. Nun zieh die Schultern nach oben, noch weiter, 5 Sekunden anspannen und lockerlassen.

Nun geht es mit dem Kopf weiter. Du darfst mit allen Gesichtsmuskeln spielen und Grimassen schneiden, es sieht ja niemand. Probiere aus, was mit den Gesichtsmuskeln alles möglich ist.

Nun noch einmal gezielt die Stirn runzeln und die Augenbrauen hochziehen, anspannen und lockerlassen. Die Nase rümpfen und loslassen. Die Lippen aufeinanderpressen, halten und loslassen.

Nun balle deine Hände zu Fäusten, halte sie 5 Sekunden und lockerlassen.

Als letztes kannst du von den Füßen bis zum Kopf noch einmal den gesamten Körper für 5 Sekunden anspannen und ganz bewusst lockerlassen.

Nun öffne langsam die Augen! Willkommen zuhause in deinem entspannten und wachen Körper! Schau die anderen an, als wäre es das erste Mal und freue dich an dem, was dich umgibt!"

Material	• nur du ☺
Tipps	❑ Entspannungsmusik im Hintergrund

	❑ Die eigene innere Ruhe und Präsenz während der Übung sind wichtig, um die Teilnehmenden damit „anzustecken".
Notizen	

36. Klopfmassage

Ansage	„Ein wacher Körper tut gut und so werde ich euch nun zu einer Klopfmassage anleiten. Probiert es einfach aus, macht mit und schaut selbst, wie gut es tut!
	Ich mach es vor und ihr macht es einfach nur nach. Los geht's! Erst einmal alle hinstellen. Platziert euch so, dass ihr von Kopf bis Fuß zu sehen sein. Perfekt!
	Wir nehmen unsere Hände und reiben sie vor unserem Körper warm. Schon warm geworden?
	Nun strecken wir den linken Arm nach vorne und die rechte Hand beginnt vorsichtig und liebevoll die linke Hand wach zu klopfen, angefangen bei den Fingerspitzen. Über den Arm geht es weiter in Richtung Schulter. Langsam arbeitet ihr euch von der Hand bis zur Schulter vor.
	Jetzt klopft ihr weiter über den Hals hoch bis zur Kopfmitte, also bis zum Scheitel. Und langsam den ganzen Weg wieder zurück.

Wenn ihr bei der Schulter vorbeikommt, könnt ihr dort kurz verweilen und noch einmal extra klopfen. Klopft euch auf die eigene Schulter im Sinne von ´gut gemacht´ und genießt es einfach!

Ist der linke Arm fertig, dann wieder die beiden Hände vor dem Körper reiben, vielleicht sind sie schon etwas wärmer geworden?!

Nun dasselbe mit der anderen Seite. Wir strecken den rechten Arm aus und die linke Hand klopft. Wir beginnen wieder bei der Hand über die Schulter bis zum Kopfscheitel und langsam zurück.

Gut, wieder die Hände mittig vor dem Körper reiben.

Nun starten die beiden Hände bei der rechten Hüfte und klopfen die Außenseite des Beines runter bis zu dem Fuß. Zurück geht es auf der Innenseite.

Wieder die Hände mittig vor dem Körper reiben.

In der nächsten Runde widmen wir uns der linken Seite. Von der Hüfte außen

	hinunter bis zu dem Fuß und innen zurück.
	Wer fertig ist, wieder die Hände vor dem Körper reiben. Nun machen wir noch eine Runde für den Rücken, d.h. für den Lendenwirbelsäulenbereich und massieren den hinteren Rücken mit Kreisbewegungen.
	Wieder nehmen wir die Hände nach vorne, reiben noch einmal vor dem Körper und legen nun die Hände langsam auf den Bauchnabel. Dort könnt ihr die Hände kurz ruhen lassen und zum Abschluss einmal tief einatmen und mit dem Ausatmen alles loslassen. Willkommen zurück im Seminar!"
Material	• nur du ☺
Tipps	
Notizen	

37. Papierflieger

Ansage	„Einige kennen aus der Schulzeit den Papierflieger: Aus einem DIN A4 Blatt ein Flugzeug falten. Eine Anleitung eines einfachen Fliegers seht ihr auf dem Bildschirm. Aufgabe ist es, den Flieger dazu zu bringen, dass er von eurem Sitz eine Runde durchs Zimmer fliegt und wieder zu euch zurückkommt- also Bumerang Airlines. Ein Tipp: Das hat was mit der Heckflosse zu tun! Na, dann mal los! Wer es geschafft hat, bekommt einen Tomatensaft von der freundlichen Stewardess! Falls es nicht klappt, habt einfach nur Spaß! Ihr habt 5 Minuten Zeit und fangt jetzt an! -Pause- Wem ist es gelungen?"
Material	• DIN A4 Blätter, gern verschiedenfarbig • Stifte zum Beschriften und Dekorieren des Fliegers • Bastelanleitung über Bildschirm teilen.
Tipps	❑ Ermutigen, es mehrfach zu probieren. Es hat bei den Autoren noch nie geklappt -:).

	❏ Variationen: - Ein Boot aus einem Blatt Papier falten. - Ein Tier aus einem Blatt Papier falten. Vielleicht sind Origami Künstler*innen unter den Teilnehmenden. ☺
Notizen	

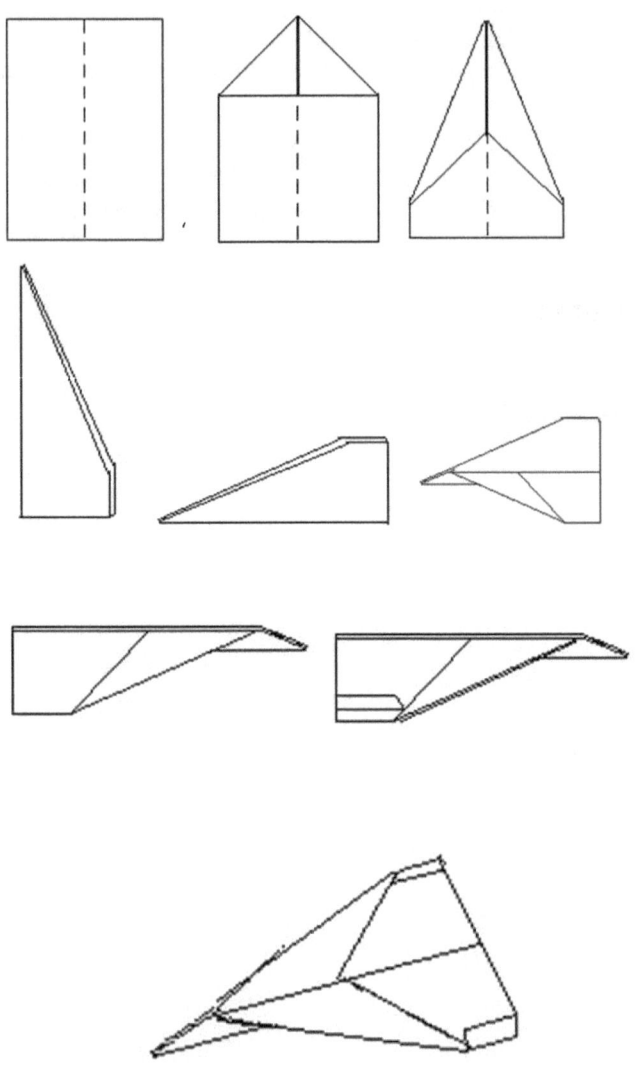

Finale

Irgendwann geht auch die schönste Party zu Ende. Richtig cool war sie nur, wenn nach dem klasse Einstieg und dem grandiosen Mittelteil ein würdiges Ende folgt. Der klassische Dreiklang. Wie beim 3-Gang-Menü.

Wie gelingt es, die gute Energie des Tages weiterhin spürbar zu hinterlassen? Wie schaffst du es, die Teilnehmenden so zu inspirieren, dass sie die Erkenntnisse in die Tat umsetzen? Zuletzt die Fragen der Fragen: Wie kommst du an hymnenartige Bewertungen und damit an Folgeaufträge?

Ein Hauptfehler ist, das Ende nicht zu timen. Lieber noch schnell die letzten Ratschläge und Zusammenfassungen, dann kurzes Feedback und alle müssen ihre Kinder abholen. Die Konferenz endet mit dem Gefühl von Hetze, Druckbetankung und plötzlich der Meldung „Meeting beendet!"

Fassungslosigkeit und Leere vor dem Monitor.

Der finale ☺ Tipp: Wie eine Welle am Strand ausläuft, so endet auch die Konferenz. Sanft und mindestens 2 Minuten vor dem offiziellen Ende.

38. Energietank - was mich inspiriert hat

Ansage	„Wir alle wissen, dass Online-Meetings oft anstrengend sind und viel Energie kosten. Dennoch hoffe ich, dass ihr auch Energie und Inspiration von diesem Meeting mitnehmt.
	Bitte lasst dieses Meeting noch einmal Revue passieren und sucht nach einer Inspiration, einem inspirierenden Gedanken, der euch während der Veranstaltung gekommen ist. Etwas, das euch bewegt hat oder etwas, das ihr als Inspiration für die Zukunft mitnehmen könntet...
	Für einen ruhigen und konzentrierten Rückblick werde ich gleich Musik einspielen und jeder und jede kann in sich versunken das Meeting Revue passieren lassen und nach etwas Ausschau halten, was für euch bedeutsam war, euch mit Energie erfüllt hat, euch in irgendeiner Art und Weise beflügelt und inspiriert hat. Ein Gedanke, eine Entscheidung, ein Wunsch, ein Moment, was auch immer. Bitte bringt diesen für euch inspirierenden Gedanken auf ein Blatt Papier. Es kann auch einfach nur ein Wort sein.
	Wenn die Musik verstummt, freue ich mich riesig auf eure Gedanken.

	[3 Minuten Konzentrationsmusik] Ich bitte euch, eure Inspirationen vorzulesen und kommentarlos einander zuzuhören. Ich schließe dann die Runde ab."
Material	• DIN A4 Blatt für die Teilnehmenden • Musik, mit inspirierender Wirkung.
Tipps	❑ Für die Musikrecherche die Suchbegriffe: Konzentration, Lernen oder Inspiration
Notizen	

39. Fünf-Sterne-Bewertung

Ansage	„Als Feedbackrunde machen wir am Ende der Veranstaltung eine Sternebewertung. Eure Meinung ist gefragt und ähnlich wie auf Internetportalen habt ihr die Möglichkeit, unser Meeting mit maximal 5 Sternen zu bewerten. Nehmt bitte zuerst ein Blatt und zeichnet 5 Sterne oder einfache Kreuze darauf. Die Bewertung werde ich mit verschiedenen Kriterien abfragen und am Ende um eine Gesamtbewertung bitten. Wenn ihr z.B. 2 Sterne vergeben wollt, knickt ihr einfach drei Sterne nach hinten weg und haltet dann die 2 Sterne in die Kamera. Ich mache es einmal vor. Alles klar? Dann beginnen wir mit der Zufriedenheit mit dem Inhalt. Bitte kurz überlegen und jetzt in die Kamera halten. Weiter geht es mit Falk. Danke und am Ende bitte noch eine Gesamtbenotung, also eine Sternenzahl für das gesamte Meeting. Vielen Dank für das Feedback!"
Material	<ul><li>DIN A4 Blatt für jeden Teilnehmenden</li><li>Stift</li></ul>
Tipps	❑ Variationen der Bewertungskriterien:

	— Praxisbezug
	    — Interaktion
	    — Organisation
	    — Zeitmanagement
	    — Pausen-Rhythmus
	    — Methoden
	    — Internetverbindung/ Technik
	❑ Möchte die Moderation ein nachvollziehbares Feedback dokumentieren, so lassen sich Screenshots erstellen.

Notizen	

40. Wahlplakat: Feedback

Ansage	„Stell dir vor, du hast auf einem Wahlplakat nur Platz für maximal drei Worte, um aufzuschreiben, wie du das Meeting im Rückblick beschreiben würdest. Es kann positives Feedback sein, wie auch kritische Rückmeldung. Ebenso kannst du schreiben, was du dir bei einem nächsten Mal anders oder mehr wünschst. Drei Worte sollen dein Feedback ausdrücken, Adjektive, Verben, Nomen, alles kann dabei sein! Es kann auch wie ein Gedicht klingen, allerdings nicht mehr als drei Worte. Bitte GROSSBUCHSTABEN verwenden und lesbar schreiben. In drei Minuten geht es dann mit der Feedbackrunde weiter. -Musikpause- Wer beginnt? Bitte das Plakat in die Kamera halten und nur vorlesen, ohne zu kommentieren. [Vorstellen der Feedback-Plakate]

	Vielen Dank für eure Offenheit, Lob, Kritik und für die Wünsche. Es hat Spaß gemacht mit euch!"
Material	• DIN A4 Blatt • Stift • Hintergrundmusik
Tipps	❑ Möchte die Moderation ein nachvollziehbares Feedback dokumentieren, so werden alle gebeten, für einen Screenshot die Plakate gleichzeitig in die Kamera zu halten.
Notizen	

41. Gepäckband - was nehme ich mit?

Ansage	„Schließe die Augen und stelle dir ein Gepäckband vor, auf dem die einzelnen Blöcke, Pausen, Diskussionen, Gespräche und Aktivitäten unseres Meeting noch einmal an dir vorbeiziehen. An welche Bilder und Gedanken erinnerst du dich noch? Denk ruhig noch einmal nach und lass alle Erinnerungen an dieses Meeting aufploppen und wie ein Laufband mit lauter Gepäckstücken an dir vorüberziehen. Stelle es dir genau vor. Was war am Anfang, wie ging es weiter? -Kurze Denkpause- Was war das Wichtigste für dich an diesem Meeting? Was möchtest du vom Gepäckband runterholen und mitnehmen? Was könnte dich in deiner Zukunft oder Gegenwart unterstützen? -Kurze Denkpause- Bitte triff eine Wahl und suche dir eine Sache heraus, die du auf deiner weiteren Reise mitnehmen möchtest! Was war wertvoll für dich?

	-Kurze Denkpause- Öffne nun die Augen! Skizziere auf dem Blatt Papier einen großen Koffer. Bring deine Gedanken und Bilder nun mit einem einzigen Wort auf das Papier. Blattfüllend bitte! Du hast jetzt 2 Minuten zum Nachdenken und Schreiben. -Pause- Nun zähle ich von 3 bis 0 rückwärts und bei 0 haltet ihr alle gleichzeitig eure Aufzeichnung in die Kamera. 3, 2, 1, 0 [Präsentation der Koffer-Plakate] Ganz schön viele Eindrücke! Jetzt habt ihr die Gelegenheit, eure Mitnehmsel vorzustellen. Diese bleiben unkommentiert, wir hören einander einfach nur zu. Paula, kannst du beginnen? [individuelle Vorstellungen] Ich schließe jetzt die Runde ab."
Material	• DIN A4 Blätter • Stift

Tipps	❏ Alternativ lässt sich ein Bild von Seifenblasen benutzen, die in den Himmel aufsteigen. ❏ Möchte die Moderation ein nachvollziehbares Feedback dokumentieren, so werden alle gebeten, für einen Screenshot die Blätter gleichzeitig in die Kamera zu halten.
Notizen	

42. Technische Optimierung

Ansage	„Jedes Meeting ist eine technische Herausforderung, die ihr wunderbar gemeistert habt. Damit es nächstes Mal noch reibungsloser geht, sammle ich für die IT-Abteilung die aufgetretenen Schwierigkeiten. Bitte unterstützt das IT-Team dabei, die Technik zu perfektionieren. Schreibt bitte auftretende technische Probleme jetzt gleich in den Chat. Ich werde diesen kopieren und anonymisiert als E-Mail an den Auftraggeber versenden. Vielen Dank!"
Material	• nur du ☺
Tipps	
Notizen	

43. E-Mail an mich

| Ansage | „Veränderungswünsche gibt es oft viele. Häufig wünscht man sich auch, dass die anderen sich ändern. Darauf kann man unter Umständen lange warten. Allerdings geht es jetzt um euch selbst, um das, was ihr selbst verändern und verbessern wollt, denn das liegt einzig und allein in eurer Hand, in euren machtvollen Händen! Diesmal geht es um euer ganz persönliches Commitment, und zwar euch gegenüber. Es geht um einen Vertrag, den ihr mit euch selbst schließt. Eine Zusage, die ihr euch macht. Und so bitte ich euch eine E-Mail an euch selbst zu verfassen, mit einem klar definierten Schritt, einer Aktion oder einem ganz konkreten Plan, den ihr mit euch selbst verabredet. Die Frage ist, was mache ich ab jetzt anders? Was genau will ich meinerseits verbessern?

Ihr könnt euer Commitment als einen Vertrag schreiben, mit Datum und Namen und genau benennen, was ihr konkret ändern oder tun wollt. Diesen Vertrag schreibt ihr in einer E-Mail an euch selbst und versendet sie sofort. |
|---|---|

	Ein Vertrag kann z.B. so aussehen: ´Hiermit erkläre ich, dass ich morgen mit meinem Chef über [XX] spreche. Ort, Datum, Unterschrift.´ Nehmt euch Zeit für diese E-Mail an euch selbst und schreibt das, was ihr wirklich mit euch verabreden wollt. Es sollte ein Vertrag sein, den ihr gerne unterschreibt, weil es euch einen Schritt weiterbringt."
Material	• Teilnehmende: Zugang zu eigenem E-Mail Account.
Tipps	❏ Variation: - Die E-Mail kann einen Mut machender, energievoller Gedanke beinhalten. ❏ Das Versenden der E-Mail passiert in der Veranstaltung.
Notizen	

44. Finger-Applaus

Ansage	„Als Letztes bitte ich euch um einen Applaus von uns allen und für uns alle. Die Intensität steigern wir durch die Anzahl der Finger in der Handfläche. Ich mach es einmal kurz vor und ihr könnt gleich mitmachen: o Wir beginnen mit einem Finger auf die Handinnenfläche der anderen Hand. Das klingt noch leise. o Das steigern wir jetzt mit 2 Fingern, werden immer lauter. o Noch lauter mit 3 Fingern, ja genau, o und mit 4 Fingern wird es noch lauter. Und nun verabschieden wir uns mit einem orkanartigen 5 Finger-Applaus und einem lauten HUIIIII."
Material	● nur du ☺
Tipps	❑ Variation: - Die Hände gehen wie ein Sternenregen auf, und werden durch ein lautes HUIIIII begleitet. ❑ Der Hack kann auch für einzelne Feedbackbereiche eingesetzt werden
Notizen	

Ausklang

Hier noch mal Bodo. Zu Ende, aber noch nicht fertig!

Das ist ja kein Lesebuch, so von vorn bis hinten. Eine Ideensammlung, Inspiration oder der Notfallkoffer, sich was zu trauen, damit die Online-Treffen nicht so öde werden.

Die Hauptsache ist Fun, Fokus und Fielfalt ☺ auf dein Thema. Das macht den Erfolg aus!

Nimm nur das, was dir selbst cool erscheint und Freude bringt. Wenn du die eigene kindliche Neugier dabei entfachst, kommt die Begeisterung rüber- und das ist dann pure Energie.

Meine Hacks machen dein Event zum Megaburner!

Kontaktdaten:

Regine Lübben:
Luebben@live.de

Christoph Maria Michalski:
senior@christoph-michalski.de

Zeitfracht Medien GmbH
Ferdinand-Jühlke-Straße 7
99095 Erfurt, Deutschland
produktsicherheit@kolibri360.de